ABeCedario NUTRITIVO

BRICKHOUSE
EDUCATION

© 2010 Yanitzia Canetti
© 2010 Cambridge BrickHouse, Inc.
All rights reserved. For more information about permission to reproduce selections
from this book, write to Permissions at Cambridge BrickHouse, Inc.
www.BrickHouseEducation.com

Managing Editor: Priscilla Colón
Editors: Cliff Clark, David Mallick
Designer: Ricardo Potes

Published in the United States by BrickHouse Education.
BrickHouse Education is a division of Cambridge BrickHouse, Inc.

Cambridge BrickHouse, Inc.
60 Island Street
Lawrence, MA 01840
U.S.A.

Library of Congress Cataloging-in-Publication Data

Canetti, Yanitzia, 1967-
  Abecedario nutritivo / Yanitzia Canetti. -- 1st ed.
      p. cm.
  Summary: In brief rhyming verses that introduce the letters of the alphabet, children
  enjoy healthy foods, from "aguacate" to "zanahoria." Includes nutrition facts.
  ISBN 978-1-59835-115-6 (alk. paper)
  [1. Stories in rhyme. 2. Nutrition--Fiction. 3. Food habits--Fiction.
  4. Alphabet. 5. Spanish language materials.] I. Title.

PZ74.3.C248 2010
[E]--dc22
                                        2010003797

First Edition
Printed in Singapore
10 9 8 7 6 5 4 3 2 1

ABeCedario NUTRITIVO

Yanitzia Canetti

Anímate a almorzar
arroz, **aguacate** y **ají**,
con **arvejas** y **alcachofas**.
¡Anda, aliméntate así!

Bb

Beti bebe un buen batido.
Beti busca **berenjenas**.
Beti busca una **banana**.
¡Las bananas son bien buenas!

C c
(sonido *k*)

Camilo halló en el camino unas cuantas **calabazas**. Cargó contento con una para comérsela en casa.

C c
(sonido s)

Ciro cena y celebra
con casi cien **cerezas**.
Ciro tiene una cesta
debajo de la mesa.

Ch ch

¡Qué chula se ve Chela comiendo **chilaquiles**! ¡Se chupa hasta los dedos con un plato de **chiles**!

 d

—¡Dame dos **duraznos**!
—dijo Dalia, dichosa—.
¡Y dame un desayuno
con frutas deliciosas!

9

Échale **espárragos**
a exquisitas **empanadas**.
Y échale estas **espinacas**
a tu estupenda **ensalada**.

10

 **f**

Festeja con **frutas** frescas,
¡con fabulosas **frambuesas**!
Festeja con la familia.
¡Y que no falten las **fresas**!

Gg

(sonido g)

Me gustan los **guisantes**.
Me gusta el **guiso de ganso**.
Me gustan las **galletitas**.
¡Y gozo con los **garbanzos**!

G g
(sonido j)

Gerardo es generoso.
Gerardo llama a Gina.
Compartirá gentilmente
una rica **gelatina**.

¡Qué habilidosa es Hilda!
Hace todo en la cocina.
Hace **huevos** hervidos
y los mezcla con **harina**.

 **i**

Jamón ibérico y **salsa inglesa**,
¡qué interesante invención!
Sobre una **pasta italiana**,
serán una innovación.

J j

En julio, Julieta junta **jitomates** bien jugosos. Bebe una jarra de **jugo** en esos días jubilosos.

Kiki compró **kiwis**
en el kiosco de Kiko.
Pesaban dos kilogramos.
¡El kiwi es muy rico!

Ll

Lila come **lechuga**.
Come **legumbres** también.
Lila toma mucha **leche**.
La leche le hace bien.

Ll

Lloro de tanta llenura
por comer **papa rellena**,
rellena con pan rallado.
¡Mi barriguita está llena!

Mario mira maravillas:
mandarinas y **manzanas.**
Es la merienda de Mario
los martes por la mañana.

Nn

Nora no es nada necia.
Nunca se niega a comer
nueve **naranjas** de noche;
de nuevo al amanecer.

Ññ

Toño es un niño ñoño.
Toño es un niño pequeño.
Él come **ñoquis** con **ñame**.
Él come ñoquis risueño.

 o

¿Qué le ocurre a Olga?
¡Olga está ocupada!
Olga ordena **ostras**.
Son oscuras y ovaladas.

23

p

Pepe paga por dos **pepinos**
pequeños y primorosos,
porque pesan poquito
y son muy provechosos.

 **q**

¿Qué quiere Quino?
¡Quino quiere **queso**
para unas **quesadillas**!
¿Y quién no quiere eso?

Roli recoge **rábanos**
rojos y redonditos.
¡Hará una receta rápida
con tan ricos rabanitos!

S s

Susana saborea una **sandía.**
¡Qué satisfecha se siente!
—¡Sabrosa! —dice Susana
con su cara sonriente.

T t

¡Qué tremendo tamaño
tienen tus **toronjas**, Tomás!
Toma, Tomás, tres toronjas.
Toma, Tomás, una más.

U u

Uma usa unas **uvas**,
unidas en un plato,
para comerlas ahora
y comer a cada rato.

V v

—¡Que vivan los **vegetales**!
—vitoreaba la vecina—.
Vegetales y **verduras**
son ricos en vitaminas.

Willi nació en Washington.
Su familia es de Japón.
Willi come **wasabi**
cuando visita esa nación.

31

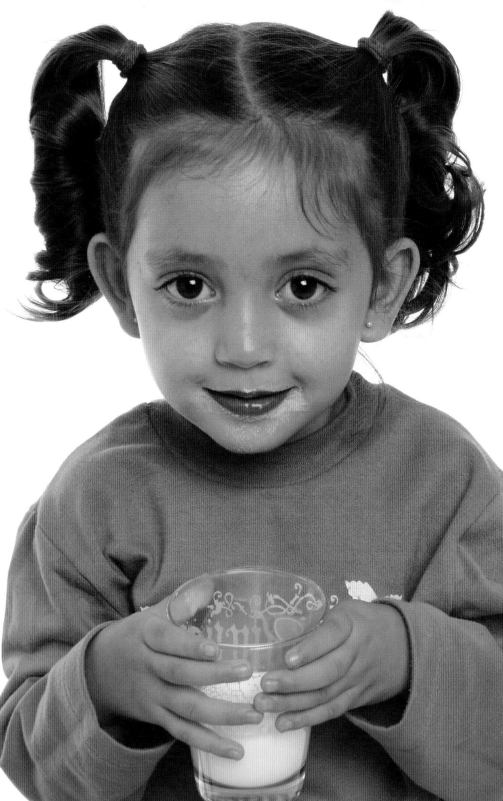

 **X x**

Xenia come **xeca**,
un pan muy peculiar.
Bebe un rico **xocoatole**,
un atole singular.

32

 y

Ya Yamila come sola
un rico **yogur** de yema.
—¡Yupi! —dice Yamila—.
¡Yo ya como sin problema!

Z z

Del zaguán, viene Zoé.
¡Qué niña tan zalamera!
En el zacate encontró
zanahorias verdaderas.

Palabras nuevas

anímate	alégrate; hazlo con entusiasmo
batido	licuado; mezcla con algún líquido
dichosa	feliz, alegre, afortunada
estupenda	buena, maravillosa
exquisitas	deliciosas, muy ricas
generoso	bondadoso y amable; que comparte con los demás
gentilmente	amablemente; con cortesía
gozo	disfruto
habilidosa	que sabe hacer algo fácilmente
halló	encontró
innovación	algo nuevo, que no se ha hecho antes
invención	algo que se inventa, o se crea, por primera vez
jubilosos	alegres y contentos
kilogramos	una medida para saber cuánto pesa algo
kiosco	un lugar pequeño donde se venden diferentes cosas
llenura	estar lleno o repleto de comida
necia	testaruda; encaprichada en hacer algo
niega	decide no hacer algo
ñoño	mimado, consentido
ovaladas	casi redondas; que tienen forma de óvalos
peculiar	particular; poco común
primorosos	hermosos, bellos
provechosos	útiles; beneficiosos
rallado	que fue convertido en pedazos pequeños por un rallador
risueño	que sonríe
satisfecha	llena; que ya no necesita más
singular	peculiar; único en su tipo
vitaminas	nutrientes importantes para la salud
vitoreaba	aclamaba; decía ¡viva!
zacate	césped, grama, hierba, pasto
zaguán	espacio cubierto de una casa, que da a la entrada y a la calle
zalamera	cariñosa, simpática, alegre

¡QUÉ INTERESANTE!
(más datos sobre los alimentos del libro)

AGUACATE

El aguacate es una fruta que tiene una cáscara verde, marrón o negra. Dentro, tiene una semilla grande. ¡Es muy saludable! Puedes vivir mucho tiempo comiendo solo aguacate.

BANANA

La banana crece en un racimo en un árbol. ¡Los racimos tienen hasta 300 bananas! Cuando comes una banana, ayudas a tu cuerpo a deshacerse de la sal adicional que tienes en la sangre. Es importante comer bananas si haces ejercicio.

CALABAZA

Puedes tallar una calabaza para hacer una linterna de Halloween, pero también te la puedes comer. La calabaza puede comerse en una sopa, una ensalada o un pastel. Tiene las mismas vitaminas que otros vegetales anaranjados.

CEREZA

Las cerezas son parte de la familia de los duraznos y las ciruelas. Cuando comes cerezas, ayudas a que tu piel se mantenga sana. Cuando tu piel está sana, es como una pared que las enfermedades no pueden atravesar.

CHILE

Hay miles de tipos de chiles. Algunos no pican pero otros son tan picantes que te arden los dedos si los tocas. Cuando un cocinero prepara comida con un chile muy picante, usa guantes para proteger sus manos.

DURAZNO

El durazno tiene fibra, lo cual te ayuda a digerir bien la comida. Esto permite que todas las otras vitaminas y minerales entren a tu cuerpo.

ESPINACA

La espinaca es una de las comidas más saludables. Entre muchas otras cosas, la espinaca te ayuda a dejar de sangrar cuando te raspas la piel.

FRESA

La fresa tiene mucha vitamina C, que te ayuda a recuperarte de los moretones y rasponazos. Solo tienes que comerte 6 fresas para conseguir toda la vitamina C que necesita tu cuerpo en un día.

GARBANZO

Comer garbanzos te ayuda a pensar y a acordarte de lo que aprendiste. ¡Si quieres sacar buenas notas en un examen, debes estudiar y comer garbanzos!

GELATINA

La gelatina es muy fácil de preparar. Le echas agua y la pones en el refrigerador. La gelatina es una buena opción para la merienda o el postre porque no tiene grasa como las papitas o el helado.

HUEVO

El huevo más común es el de gallina, pero también se come el huevo de la codorniz, del pato y hasta del avestruz. Los huevos ayudan a tus músculos a crecer y moverse. Los huevos te mantienen fuerte.

JAMÓN IBÉRICO

El jamón ibérico es un tipo de jamón de España. Los jamones españoles más caros vienen del cerdo que solamente come bellotas.

JITOMATE

El tomate ordinario, que también se llama "jitomate", es una fruta. Existen tomates amarillos, verdes, anaranjados, morados, rosados, blancos, ¡y hasta rayados!

KIWI

El kiwi es una baya del tamaño de un huevo, con cáscara peluda. Las bayas como el kiwi pueden ayudarte a tener un corazón más saludable.

LECHE

La leche tiene calcio. El calcio es una sustancia que fortalece tus huesos, para que no se rompan si te caes. Todos los productos hechos con leche tienen calcio: el queso, el yogur, la crema y muchos más.

MANZANA

Comer manzanas mejora la salud de las arterias, los "túneles" que llevan la sangre a todas partes del cuerpo. Hay más de 7000 tipos de manzanas. ¿Cuántos has probado?

NARANJA

La naranja y el jugo de naranja te ayudan a luchar contra las infecciones. Si quieres enfermarte menos, come naranjas y toma su jugo. Con una sola naranja al día, estarás protegido.

ÑAME

El ñame se parece a la papa, pero por dentro es anaranjado. El ñame ayuda a tu cuerpo a usar las vitaminas de otros alimentos. Por ejemplo, cuando comes pan y ñame, tu cuerpo usa el ñame para tomar lo nutritivo del pan.

OSTRA

La ostra es un marisco que se come cocido, frito o crudo con limón. La ostra tiene mucho hierro. El hierro es necesario para los músculos, para que puedas correr muy rápido durante los partidos.

PEPINO

El pepino es de la familia de la calabaza. Los pepinos verdes que comemos no están maduros. Cuando los pepinos maduran, son amarillos y amargos. ¡Los pepinos pueden medir hasta dos pies de largo!

QUESO

Hay miles de tipos de quesos. Están hechos con leche de vaca, cabra, oveja y ¡hasta de búfalo y camello! El queso tiene calcio que fortalece los huesos.

RÁBANO

El rábano es un vegetal que crece bajo tierra. Los rábanos son rojos por fuera, blancos por dentro, y del tamaño de una fresa grande. El rábano tiene vitamina C.

SANDÍA

La sandía está formada casi totalmente por agua. Por eso te ayuda a refrescar el cuerpo. Hay sandías cuadradas como cajas. ¡Una vez se cultivó una sandía que pesaba más de 200 libras!

TORONJA

La toronja también tiene mucha vitamina C, que ayuda a tu cuerpo a obtener el hierro de otros alimentos. El hierro es una sustancia que lleva el oxígeno a todas partes en tu cuerpo. Si te falta hierro, te sientes muy cansado.

UVA

Las uvas comunes son rojas o verdes, pero hay uvas negras, azules, amarillas y rosadas. ¡Cada racimo tiene de 6 a 300 uvas! Cuando se secan al sol, se convierten en pasas.

VEGETALES

Los vegetales tienen muchas vitaminas que necesitas para mantenerte saludable. Mucha gente confunde ciertos frutos con vegetales. ¡El tomate, el pepino y el aguacate en realidad son frutas, no vegetales!

WASABI

El wasabi es una raíz de Japón que le da sabor a la comida. El wasabi es picante como los chiles. La gente suele comerlo con el sushi, ¡pero debes usar solo un poquito!

XECA

Xeca es un pan dulce de los indígenas de Guatemala. Tiene un sabor dulce pero un poco agrio. Es parecido al "pan de muerto", el pan tradicional de los mexicanos.

YOGUR

Hay muchos tipos de yogur, como el yogur de fruta, el yogur congelado y el yogur salado. El yogur tiene mucho calcio. Por eso mantiene tus dientes sanos y fuertes.

ZANAHORIA

La zanahoria es otra raíz que se come. Es famosa porque te ayuda a ver mejor, especialmente por la noche. ¡Si quieres cuidar tus ojos, come zanahorias!

Para obtener los mejores libros en español, inglés o bilingües dedicados a
cubrir varias materias del currículo de educación primaria, secundaria y universitaria
o para proponernos sus proyectos de publicación,
favor de escribir a:

Cambridge BrickHouse, Inc.
60 Island Street
Lawrence, MA 01840

www.BrickHouseEducation.com

Photography Credits: